Welcome

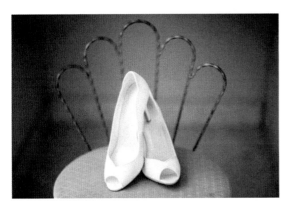

# MAKE UP

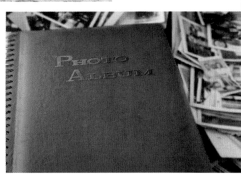

HONEYMOON

**Save The Date**

**EVENT PLANNING**

Wedding Day

Guest List

VIP

LOVE

Our Wedding Day

Guest Book

Laugh & be happy

all the feels

EMOTIONS

RESPECT

integrity

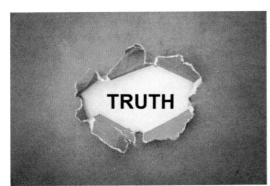
TRUTH

Support

REAL

FAMILY

BIG

FAMILY

Let's work together

DAY

# WEDDING
## *Mood Tracker*

MONTH: _____
YEAR: _____

| | J | F | M | A | M | J | J | A | S | O | N | D |
|----|---|---|---|---|---|---|---|---|---|---|---|---|
| 1 | O | O | O | O | O | O | O | O | O | O | O | O |
| 2 | O | O | O | O | O | O | O | O | O | O | O | O |
| 3 | O | O | O | O | O | O | O | O | O | O | O | O |
| 4 | O | O | O | O | O | O | O | O | O | O | O | O |
| 5 | O | O | O | O | O | O | O | O | O | O | O | O |
| 6 | O | O | O | O | O | O | O | O | O | O | O | O |
| 7 | O | O | O | O | O | O | O | O | O | O | O | O |
| 8 | O | O | O | O | O | O | O | O | O | O | O | O |
| 9 | O | O | O | O | O | O | O | O | O | O | O | O |
| 10 | O | O | O | O | O | O | O | O | O | O | O | O |
| 11 | O | O | O | O | O | O | O | O | O | O | O | O |
| 12 | O | O | O | O | O | O | O | O | O | O | O | O |
| 13 | O | O | O | O | O | O | O | O | O | O | O | O |
| 14 | O | O | O | O | O | O | O | O | O | O | O | O |
| 15 | O | O | O | O | O | O | O | O | O | O | O | O |
| 16 | O | O | O | O | O | O | O | O | O | O | O | O |
| 17 | O | O | O | O | O | O | O | O | O | O | O | O |
| 18 | O | O | O | O | O | O | O | O | O | O | O | O |
| 19 | O | O | O | O | O | O | O | O | O | O | O | O |
| 20 | O | O | O | O | O | O | O | O | O | O | O | O |
| 21 | O | O | O | O | O | O | O | O | O | O | O | O |
| 22 | O | O | O | O | O | O | O | O | O | O | O | O |
| 23 | O | O | O | O | O | O | O | O | O | O | O | O |
| 24 | O | O | O | O | O | O | O | O | O | O | O | O |
| 25 | O | O | O | O | O | O | O | O | O | O | O | O |
| 26 | O | O | O | O | O | O | O | O | O | O | O | O |
| 27 | O | O | O | O | O | O | O | O | O | O | O | O |
| 28 | O | O | O | O | O | O | O | O | O | O | O | O |
| 29 | O | O | O | O | O | O | O | O | O | O | O | O |
| 30 | O | O | O | O | O | O | O | O | O | O | O | O |
| 31 | O | O | O | O | O | O | O | O | O | O | O | O |

**KEY:**
- O ANGRY
- O SAD
- O NERVOUS
- O RELAXED
- O HOPEFUL
- O PRODUCTIVE
- O NEUTRAL
- O HAPPY

**NOTES:**
_____
_____
_____
_____
_____
_____
_____
_____
_____
_____
_____

**SUMMARY:**
_____
_____
_____
_____
_____
_____
_____
_____
_____

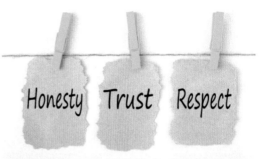

Honesty   Trust   Respect

TOGETHER

A very special Wedding Day.

WELCOME to Our Love Story

LOVE

PRINCIPLES

Bachelorette PARTY

# Bachelor PARTY

# WEDDING
## *checklist*

**12 MONTHS BEFORE**

- [ ] make a guest list
- [ ] decide on style and theme
- [ ] choose a bridal party
- [ ] book a venue
- [ ] hire photographer
- [ ] hire band and DJ
- [ ] wedding dress shopping

**9 MONTHS BEFORE**

- [ ] select caterer
- [ ] select invitations
- [ ] bridesmaid dresses
- [ ] book flowers
- [ ] wedding website
- [ ] order invitations

**6 MONTHS BEFORE**

- [ ] choose wedding rings
- [ ] book honeymoon
- [ ] schedule wedding shower
- [ ] send invitations
- [ ] order wedding cake

**3 MONTHS BEFORE**

- [ ] create seating chart
- [ ] choose guest favours
- [ ] meet with the officiant
- [ ] hair and makeup trial
- [ ] book transport
- [ ] choose ceremony songs

**1 MONTH BEFORE**

- [ ] dress fitting
- [ ] pick up the marriage license
- [ ] write wedding vows
- [ ] finalize the guest count

**1 WEEK BEFORE**

- [ ] practise wedding vows
- [ ] mani & pedi
- [ ] facial treatment
- [ ] hair appointment

**AFTER THE WEDDING**

- [ ] send thank you cards
- [ ] share photos

# WEDDING BUDGET

GROOM'S FAMILY _____ BRIDE'S FAMILY _____

GROOM & BRIDE _____

### CEREMONY

|  | DESCRIPTION | AMOUNT |
|---|---|---|
| ● ☐ | | |
| ● ☐ | | |
| ● ☐ | | |
| ● ☐ | | |
| ● ☐ | | |
| ● ☐ | | |

### RECEPTION

|  | DESCRIPTION | AMOUNT |
|---|---|---|
| ● ☐ | | |
| ● ☐ | | |
| ● ☐ | | |
| ● ☐ | | |
| ● ☐ | | |
| ● ☐ | | |

| TOTAL SPENT | |
|---|---|
| REMAINING | |

THE *Perfect* MOMENT

She said yes!
LOVE
*Wedding*

● TO START   ☑ OK   ➔ DELAY   ／ STUCK   ✕ CANCEL

## WEDDING *timeline*

| 10:00 AM | PREPARATION FOR CEREMONY |
| 02:00 PM | FAMILY AND BRIDAL PARTY PORTRAITS |
| 03:00 PM | PRE-CEREMONY PHOTOGRAPHY |
| 04:00 PM | CEREMONY |
| 05:00 PM | COCTAIL HOUR |
| 06:00 PM | RECEPTION BEGINS |
| 06:30 PM | SERVING OF DINNER |
| 07:00 PM | BRIDAL PORTRAITS |
| 07:30 PM | FIRST DANCES |
| 08:00 PM | TOASTS |
| 08:30 PM | CAKE CUTTING |
| 09:00 PM | GARTER AND BOUQUET TOSS |
| 10:00 PM | LAST DANCE AND SEND-OFF |

*notes*

------------------------------------------------
------------------------------------------------
------------------------------------------------

# WEDDING DAY
*timeline*

| | |
|---|---|
| | **11:00 AM** <br> WEDDING CEREMONY |
| **12:00 AM** <br> WELCOME TOAST | |
| | **1:00 PM** <br> WEDDING LUNCH |
| **3:00 PM** <br> CAKE CUTTING | |
| | **4:00 PM** <br> COCKTAIL HOUR |
| **5:00 PM** <br> FIRST DANCE | |
| | **8:00 PM** <br> BUFFET DINNER |
| **11:00 PM** <br> FIREWORKS | |

# Thank you ♡

for choosing our
WEDDING
Vision Board
Clip Art Book
Your feedback is very
important to us
Please,
Let us know your opinion at
yonascopress@gmail.com

*Much Love*
*Leen*

Made in the USA
Las Vegas, NV
12 November 2024

11647144R10026